Lk 7,618

SOUVENIRS

SUR

L'ÉGLISE N.-D. D'AUXONNE.

IMP DE X.-T. SAUNIÉ, A AUXONNE.

SOUVENIRS

SUR

L'ÉGLISE NOTRE-DAME
D'AUXONNE

PAR M. PICHARD,

MAIRE DE LA VILLE.

Janvier 1847.

AUXONNE,

TYPOGRAPHIE DE X.-T, SAUNIÉ, IMPRIMEUR-LIBRAIRE.

1847

SOUVENIRS
SUR
L'ÉGLISE NOTRE-DAME
D'AUXONNE.

L'ÉGLISE paroissiale d'Auxonne, dédiée à la Vierge, est un beau monument qui fut fondé en 1309, par Jeanne de France, femme de Eudes IV, duc de Bourgogne; elle fut continuée pour la plus grande partie et achevée vers 1360, aux frais de la duchesse Marguerite, fille unique de Louis III, comte de Flandres, qui fut femme, en premières noces, de Philippe de Rouvres, dit le jeune, et en secondes noces, de Philippe-le-Hardi.

« Par suite de délibération du 14 novembre 1515
« (dit une vieille chronique), le portail de l'église

« d'Auxonne fut commencé à être fondé en l'honneur
« de Dieu et de la Vierge Marie sa mère, le 22 avril
« 1516, après Pâques, des aumônes données, et l'on
« trouva à la quête par la ville, pour ladite construction
« du portail, 348 liv., 4 engrognes. La dépense totale
« fut de 689 liv. 3 gros 1 engrogne et demie. Les pierres
« furent prises ès-perrières de Dôle, Sampans, Mont-
« Rolland, et Chevigny. Il y avait 12 maçons qui ga-
« gnaient par jour chacun 3 sols 6 deniers; les charre-
« tiers de la perrière de Dôle 2 sols 6 deniers par jour;
« les manœuvres pour faire les fondations 2 sols 4 de-
« niers, et les femmes 1 sol 3 deniers. »

Ce portail se compose d'un porche ou portique en avant-corps, à deux ouvertures ou arcades latérales et à trois autres arcades de face correspondant aux trois portes trinitaires. De riches ornementations, sculptées dans le style du XVe siècle et de la Renaissance, décorent cet ouvrage où il est regrettable de ne plus voir dans leurs niches les statues des saints qui en ont disparu lors de la révolution de 1789. Des deux tours rectangulaires qui le surmontent et qui sont liées entre elles par une plate-forme et une galerie à jours, l'une est restée inachevée faute de dons suffisans; celle au midi où est l'horloge et que couronnait jadis un petit campanile, anciennement appelé la Guette, renfermait un carillon qui, ayant reçu de notables améliorations en 1725, passait pour l'un des meilleurs des deux Bourgognes et se faisait entendre au loin les jours de fêtes.

Contre cette tour au midi, du côté de la rue Marin (autrefois rue Chauche-Chien), on lit au-dessus du premier cordon l'inscription qui mentionne la date de sa fondation. Sous le porche, au-dessus de la porte principale de l'église, existait une autre inscription, d'une riche latinité qui avait été aussi placée contre le mur du grand escalier de l'ancien hôtel de ville (rue Entre-Deux-Ponts).

Voici sa reproduction :

Renovamini autem spiritu mentes vestræ.
Epit. 4, 23.
Memores estote viri Auxonnenses et incolæ,
quod, anno 1637,
grassante immanis pestilentiæ lue
familias, domos et urbem passim ac ubique depopulante,
Deo omnipotenti,
per intercessionem B. Rochi civitatis vestræ tutelaris benignissimi,
votum solemne voventes,
liberati sunt,
patres vestri.
Gratiâ autem Dei,
anno 1736,
omnes sani et incolumes,
cum fervore et spiritali gaudio, ad fontem misericordiæ
revertimini enixe deprecantes,
ut
intercedente beatissimâ virgine Mariâ, cum beato Rocho,
omne malum à nobis semper avertat.
Exemplum dederé vobis
in jejuniis, et fletu, et oratione
proceres vestri
ut

quemadmodùm ipsi fecerunt, die 16 augusti, et vos facialis, et salvemini !...

Cette inscription consacrait le vœu solennel des magistrats, en 1636, lorsque la peste envahit la ville, y dura une année entière et fit périr 1,800 personnes. Par crainte de l'épidémie, l'église demeura fermée depuis la saint Denis jusqu'à la Toussaint.

D'après ce vœu, renouvelé ensuite d'assemblée générale des habitants du 5 janvier 1736, on devait, chaque année, jeûner la veille de saint Roch, se confesser et communier le jour de la fête de ce saint, puis assister à la procession générale qui se rendait, après vèpres, au couvent des Cordelières (A).

Indépendamment du portail dont nous avons parlé, l'église d'Auxonne est composée d'une grande nef, de deux nefs latérales, d'un chœur et d'un sanctuaire.

Sa longueur intérieure (porche non compris) est de 54 mètres dans le milieu de la grande nef, et de 47 mètres dans le milieu des nefs collatérales. Sa largeur est d'environ 21 mètres.

La maîtresse voûte ou voûte de la grande nef et les voûtes de côté sont à nervures croisées, séparées par des arcs doubleaux et réunies par une clé. La première a 14 mètres de hauteur sous clé; la hauteur des voûtes latérales est de 7 mètres. Le sanctuaire et les deux contre-nefs se terminent en absides.

Ce temple est l'une des plus vastes, des plus graves et des plus majestueuses basiliques de l'ancienne province de Bourgogne. Orientée suivant l'usage chrétien du Moyen-Age, c'est-à-dire la façade à l'ouest et le chevet tourné vers l'orient, elle est en forme de croix latine dont le bras droit consiste en une tour d'architecture romane qui servait de campanille isolé ou de beffroi à la précédente église. Cette tour, récemment réparée, est percée de plusieurs ouvertures à plein cintre ornées de colonnettes et d'autres ouvertures rondes, et disposées sans symétrie pour laisser échapper le son des cloches. Sa construction doit remonter au Xe siècle.

En entrant dans l'église d'Auxonne, le spectateur admire ses colonnades, son architecture élégante et gracieuse. La colonnade de gauche se trouve plus massive que celle de droite, parce qu'il y a eu nécessité de la renforcer, en raison d'un écartement de la voûte.

La grande nef présente une forte déviation, symbole de Jésus-Christ mourant sur la croix.

Les stalles du chœur, parfaitement conservées, offrent des sculptures assez curieuses, taillées par le ciseau de quelque ouvrier malin du XVIe ou du XVIIe siècle (b).

Le jeu d'orgue est fort beau. Établi au jubé en 1615 aux frais des habitants et considérablement augmenté en 1616, il a été transporté en 1629 au-dessus de l'entrée principale de l'église où il se trouve actuellement.

Le revers de la façade, derrière ce jeu d'orgue, offre une large fenêtre ogivale, pleine de compartiments et de rosaces d'un goût exquis, de la fin du XIVe siècle.

Malheureusement il ne reste plus rien des anciennes

verrières qui ont dû orner les baies de l'édifice et qui n'ont point survécu soit au mauvais goût du XVIIIe siècle, soit aux spoliations révolutionnaires. C'est ainsi qu'ont pareillement disparu les statues des apôtres qui surmontaient les contre-forts de la voûte principale.

La chaire à prêcher, de 1556, faite en pierre polie de Sampans et de même dessin que la chaire de Saint-Pierre à Rome, est due à la générosité de Claude Devenet, notaire et maire d'Auxonne, qui est enterré au-dessous et qui en dota l'église comme bâtonnier de la paroisse en ladite année 1556, c'est-à-dire comme dépositaire et gardien, pendant cette année, de l'image ou de la statue de la Vierge patronne de la ville. Autour sont les armes et le nom du fondateur, puis les statuettes des quatre Évangélistes, lesquels ont remplacé quatre des docteurs de l'église qui y étaient d'abord.

Un grand aigle en cuivre, avec un riche piédestal de 1652, servant de lutrin, mérite d'être distingué. Cet aigle d'un beau travail, a été édifié par les soins de M. François Viard, bâtonnier de la paroisse en ladite année, et Anne de Villers, sa femme (c).

Le portail surtout fait l'admiration des étrangers et l'on voit souvent des artistes en prendre les dessins. Le nouveau clocher, d'une coupe remarquable, s'élève avec hardiesse et fixe aussi l'attention du voyageur. Sa hauteur, depuis le sol jusqu'au sommet de la croix est de 70 mètres. On y a adapté un paratonnerre.

En creusant le puits pour ce paratonnerre, on a rencontré à 7 mètres de pronfondeur, le gros gravier de la Saône et, dans ce gravier, une gaffe ou croc de marinier, en fer. Cela semble indiquer le passage de la Saône en cet endroit et une navigation déjà établie à une époque fort reculée. Les premières alluvions qui ont exhaussé le sol proviennent d'un sable fin, jaunâtre, descendu des côteaux de l'est; puis au moyen des remblais qui se sont accumulés pendant une longue succession d'années, cet exhaussement ayant suivi, comme toujours, sa marche ascensionnelle, est bientôt parvenu à une certaine hauteur et enterre actuellement en partie l'église, ce qui y entretient malheureusement un peu d'humidité et lui porte préjudice pour l'aspect extérieur (D).

Le 13 mai 1320, sous le pape Jean XXII, à la demande d'un sieur Laurent Vinet, des indulgences furent accordées à l'église d'Auxonne par onze évêques réunis à Avignon. Le titre prouve que saint Thomas et sainte Marie-Madeleine étaient alors en grande vénération à Auxonne.

Une autre bulle d'indulgence du pape Martin V, de décembre 1428, fut rendue en faveur de ceux qui aideraient ou par leurs travaux ou par leurs aumônes aux réparations à faire à l'église Notre-Dame d'Auxonne *dont les fondements croûlaient de vétusté*, et à la chaussée de terre, sable et pierre établie en avant de cette ville (par rapport aux inondations), laquelle chaussée était rompue en plusieurs endroits.

On avait pensé que, dans ce dernier acte, il ne pouvait être question de l'église actuelle dont le genre d'architecture n'est pas assez ancien pour que, dès le XIVe siècle, elle tombât de vétusté; mais il est à remarquer qu'il s'agissait principalement du mauvais état des fondations, lesquelles avaient été probablement mal établies et dataient d'ailleurs déjà de près de 120 ans, depuis Jeanne de France, en 1309. L'église primitive qui subsistait sous les moines de Saint-Vivant et sous les comtes d'Auxonne, devait être d'une fondation beaucoup plus reculée. Courtépée dit qu'il en existait une dans les champs, laquelle fut ruinée par les Tardvenus, en 1350.

Suivant quelques-uns, une autre ancienne église existait où se trouve actuellement le bâtiment de la Renaissance construit en 1844 et qui a remplacé la halle de la grande Boucherie (vulgairement appelée Synagogue), laquelle halle était précédemment l'auberge du Lion-d'Or, vendue à la ville par un sieur Trumeau, en 1720, moyennant 7,600 fr. Le genre de construction de ladite halle, ses piédroits dont les profils dataient du XVe siècle, et la forme de ses ouvertures ont fait penser qu'une église existait effectivement en cet endroit.

Du reste, à côté de l'église actuelle, du côté du nord, il y avait sur le cimetière un petit enclos fermé de murs et, au milieu, une chapelle dite de St.-Jacques-le-Majeur, surmontée d'un clocher. Cette chapelle figure dans une ancienne vue d'Auxonne sans date, mais qui doit être antérieure au plan rapporté en l'atlas Tassin de 1652.

En 1467, le pape accorda un jubilé pour le recouvrement de la Terre-Sainte. Auxonne fut choisi comme un lieu très commode pour le gagner. On y accourut de fort loin. Les prédications se firent à l'église et on y reçut de grandes aumônes qui produisirent beaucoup d'argent. L'impérieux Charles-le-Guerrier le fit enlever, et le bon père Perry, historien de Châlons, atttribue à cette saisie d'argent sacré tous les malheurs de ce prince.

En 1585, le vicomte de Tavannes qui était gouverneur d'Auxonne, avait des intelligences avec les Espagnols auxquels il voulait livrer la place. Les habitants en ayant été avertis, s'emparèrent de sa personne à l'église, le jour de la Toussaint; un enfant fut tué dans la mêlée et comme le lieu saint se trouva pollué par ce meurtre, les morts furent alors enterrés au cimetière des Claristes jusqu'à ce que l'église fut bénie de nouveau par le suffragant de l'évêque de Besançon.

C'est à l'occasion de la prise du vicomte de Tavannes que Henri IV écrivit de sa main aux Auxonnais, à la date du 25 janvier 1586, la lettre qui est conservée aux archives et qui se termine ainsi :

« Je vous prie assurément de croire que je n'ou-
« blierai jamais le service que vous avez rendu au Roi
« en si importante occasion et que je vous en ai beau-
« coup d'estime pour votre fidélité et ferme persistance
« en vos devoirs; et suis votre entièrement bon et af-
« fectionné,
  « Signé Henri.

Au mois de juillet 1595, pendant que ce monarque était à Auxonne, on vola le Christ d'argent attaché à la croix ; le Roi en étant informé donna 50 écus pour en acheter un autre.

Divers sinistres ont frappé l'église d'Auxonne :

En 1600, le 17 août, à 8 heures du soir, le tonnerre tomba sur le clocher, fendit la voûte et rompit les éventaux du jubé où étaient peints plusieurs personnages de la ville.

En 1645, le 20 janvier, une horrible tempête causa de grandes dégradations au clocher.

En 1685, le tonnerre tomba encore sur le clocher.

En 1717, le 4 janvier, il frappa de nouveau le clocher (qui en deux heures fut tout en feu), et fit éprouver de graves dégats aux chapelles voisines. La flèche fut renouvelée en 1724, mais on lui donna 30 pieds (10 mètres) de moins en hauteur.

En 1733, on pourvut à un nouveau rétablisssement du clocher et à celui de la tour du portail, moyennant 6,000 liv. Cette dépense fut répartie sur tous les habitants de la ville et des Granges, *privilégiés ou non privilégiés, même sur les ecclésiastiques et les nobles.*

Cette même année, l'église fut blanchie par des Italiens, et pour le paiement, on fit une quête par la ville. Le manquant fut payé par la fabrique ; il en coûta 1,500 livres.

En 1786, l'église se trouvant en mauvais état reçut des réparations importantes. Les dépenses s'élevèrent à 10,000 liv. et furent couvertes par ordre de l'intendant de Bourgogne, au moyen d'un rôle de taille négociale dont le tiers fut payé par les habitants, et les deux autres tiers par ceux possédant des fonds sur le territoire. L'orgue fut remis à neuf trois ans après; il en coûta 8,000 liv., près du facteur Callinet.

Lors du bombardement de la ville, en 1815, dans la nuit du 27 au 28 août, on craignit de grands désastres pour l'église qui servait de point de mire à toutes les batteries Autrichiennes. Une seule bombe d'obus éclatant sur le grand comble frappa une partie du faîtage, brisa quelques chevrons et n'occasionna heureusement des dégradations que pour une somme de 617 fr.

D'autres réparations toujours insuffisantes ont été faites à l'édifice soit depuis, soit à des époques antérieures. Les sacrifices extraordinaires que la ville s'est constamment imposés envers l'état, pour l'agrandissement de ses établissements militaires et pour l'augmentation de sa garnison, ont obligé les administrations qui se sont succédé à ajourner bien des améliorations utiles, ainsi que la restauration complète de l'église. Cependant, en dernier lieu, des crédits importants ont été votés pour cette restauration. Les ignobles échoppes qui déshonoraient le monument ont disparu et ont été remplacées par une grille élégante. Une somme d'environ 50,000 fr. a été employée pour la réédification de la flèche, plus élevée que la précédente de 11 mètres. Cette année, indépendamment des diverses réparations qui seront continuées, les fenêtres des deux chapelles principales ont déjà reçu de riches dessins en verres de couleur (e) et un archange dominant la ville et les alentours sera édifié au sommet de la tour romane.

L'administration municipale est d'ailleurs fondée à croire qu'elle obtiendra sur le budget de l'état des crédits convenables pour la conservation et l'embellissement de l'édifice; un travail important, avec plans et dessins à l'appui, a été rédigé à cet effet par l'architecte de la ville, pour être adressé à l'autorité supérieure.

L'église Notre-Dame d'Auxonne était autrefois desservie par vingt prêtres familiers (y compris le curé), tous devant être nés et baptisés dans le lieu, agés de 25 ans, et soumis à la nomination des magistrats de la ville, suivant titres de 1303 et 1398. Le curé percevait double portion dans les revenus de la Familiarité. Tous les titulaires avaient le droit d'examiner *De grammaticâ et cantu* les candidats qui se présentaient (F).

Les revenus de la Familiarité s'élevaient en 1790 à 16,077 fr. 35 cent. y compris les loyers de neuf maisons qu'elle possédait à Auxonne. Les fonds ont été exempts d'impôts, décimes, etc., jusqu'à Louis XVI inclusivement. Les Familiers avaient à acquitter 1,825 messes par an. Il y avait dans l'église 28 chapelles ou fondations particulières (quelques-unes richement dotées) de la plupart desquelles ils étaient titulaires. Les archives de la Familiarité d'Auxonne ont été déposées au district de Saint-Jean-de-Lôsne, le 7 juin 1793. Les prêtres avaient cessé leurs fonctions le 29 septembre 1792.

La rue Guébriant, précédemment appelée rue des

Prêtres, avait pris ce dernier nom parce que la plus grande partie des Familiers y habitaient. Leurs jardins étaient réputés par de superbes collections de renoncules que l'on cultivait beaucoup alors.

On lit avec curiosité une sentence du bailliage d'Auxonne, du 21 janvier 1560, qui maintient les prêtres Familiers en possession d'un dîner à eux dû par le curé, aux fêtes de Pâques, de l'Ascension, de la Nativité, de la Toussaint et de Noël, en par eux concourant à la solennité de l'office de ces fêtes; ladite sentence rendue contre le curé Trébillon qui se refusait à ces prestations.

D'ailleurs des oppositions s'élevaient souvent contre les présentations des magistrats, de la part desdits Familiers, parce que ceux-ci voyaient avec peine de nouveaux membres venir diminuer les revenus communs.

CURÉS D'AUXONNE.

1359, Hugues LEAUTÉ.
1363, Discrette personne messire HUGUES.
1366, Messire Laurent DE GRAYACO.
1377, Messire Pierre ESPERCIE, *lequel avait une belle oppelande de camelin, fourrée de blair.*
1418, Messire Nicolas TESTOLIN.
. . . .
. . . .
1568, Jean TRÉBILLON. — Mgr de la Baume, archevêque de Besançon, ayant été empêché de faire sa visite pas-

torale dans le comté d'Auxonne, se fit suppléer, suivant autorisation du 31 mars 1581, par le curé Trébillon, lui donnant tous pouvoirs sur les paroisses, églises, chapelles, prêtres, bénéficiers, etc., *même de mettre en prison et aux fers, s'il était besoin.*

Ce même cardinal de la Baume ayant transféré l'officialité de Chaussin à Auxonne, dit qu'il a choisi cette dernière du consentement et par les instances du Roi très-chrétien, parce que cette ville était la principale de cette région, et fournie de docteurs et de personnes habiles dans la théologie, ainsi que dans la pratique du droit civil et du droit ecclésiastique.

1588, Bénigne VIARD. — Une délivrance (du 23 juin 1591) de la grande dixme, à prendre sur le finage d'Auxonne, fut tranchée moyennant six emines et demie de grains, savoir : froment, seigle et avoine, par tiers, lesquels se livraient au curé pour un septième, à la fabrique de l'église pour autant et le surplus au chambrier du monastère de Saint-Vivant-Sous-Vergy.

1652, Jean BORTHON, docteur en théologie.

1661, Hugues JANNON.

1687, François BAZIN.

1691, Jérôme TRAVERSIER de la Pujade, qui a fait donner à l'hôpital la grosse rente de Champdôtre.

1705, Antoine MOUCHET, prêtre litigieux, exacteur et scandaleux (dit la chronique). — Pendant 24 ans qu'il a exercé, on s'est constamment plaint de sa mauvaise conduite et de ses tracasseries. En 1723, il prétendait percevoir la dixme sur tous les grains du territoire.

1734, Jean RETIF, inhumé au chœur.

1735, Claude DE LA RUE.

1736, Jacques-Bernard LANOZ, inhumé dans la chapelle du Scapulaire ou de Notre-Dame-Auxiliatrice à côté du chœur.

1760, Claude-François MOUTRILLE. — Ce fut sous ce curé que, par suite de délibération des habitants du 8 novembre 1786, on enleva et vendit les bancs de l'église qui furent remplacés par des chaises. Toutefois quelques-uns de ces bans avaient été conservés. On en voit encore deux, massifs et assez grossiers, portant en incrustation dans le bois, l'un : « Pour messieurs du conseil de la ville. » l'autre : « A la confrérie du Saint-Sacrement, 1731. » On ne péchait pas par l'élégance ni le confortable à cette époque.

1791, Antoine DUBORGIA, docteur en théologie.

1799, Louis-Joseph FRANÇOIS, qui fut ensuite curé de Genlis.

1803, Nicolas-Sulpice GELOT.

1826, Hugues ROLOT.

1836, Charles GOUVENOT.

Beaucoup de corporations ou confréries se rattachaient à l'église d'Auxonne; il paraîtra peut-être intéressant d'en conserver la nomenclature.

Les procureurs	sous le vocable	de St-Yves
Les chirurgiens	id.	de St-Côme et St-Damien.
Les épiciers, confiseurs et ciriers	id.	de Ste-Geneviève.
Les serruriers		
Les laboureurs, voituriers et maréchaux	id.	de St-Eloi.
Les chaudronniers, cloutiers, ferblantiers et couteliers . .		
Les pêcheurs, bateliers, mariniers, marchands sur la rivière.	id.	du glorieux ami de Dieu Mgr. St-Nicolas.
Les boulangers et fourniers .	id.	de St-Honoré.
Les menuisiers	id.	de Ste-Anne.
Les tailleurs d'habits. . . .	id.	de la Pur. de N.-D.
Les cordonniers	id.	de St.-Crépin et St.-Crépinien.
Les tisserands	id.	de N.-D. de l'Immaculée Conc.
Les couvreurs, maçons et aubergistes.	id.	de St.-Antoine.
Les charpentiers	id.	de St-Joseph.
Les jardiniers	id.	de St. Fiacre.
Les pâtissiers	id.	de St.-Joachim.
Les tonneliers	id.	de St.-Mathieu.
Les portefaix et les manouvriers	id.	de S·-Jacq. et S.-Christophe.
Les chevaliers de l'arquebuse .	id.	de St-Louis.
Les chevaliers de l'arc . . .	id.	de St.-Sébastien.

Il y avait en outre :

La confrérie des perruquiers et des barbiers.

Celle des chapeliers, pelletiers, bonnetiers et faiseurs d'arquebuses.

La confrérie de Sainte-Barbe.

La confrérie ou conférence des filles de la paroisse, qui existe encore régulièrement.

La confrérie du St-Sacrement ou de la Fête-Dieu, fondée avant 1377, renouvelée en 1706 et qui subsiste encore avec ses règlements. Cette confrérie qui a donné à l'église deux dais, un ostensoir et la niche pour le placer, faisait apprendre chaque année un métier à un enfant pauvre.

La confrérie de Ste-Croix . . . . ⎫
Celle des Rois . . . . ⎬ Pour le soulagement des pauvres et des malades.
Celle des agonisants et des morts. ⎭

Puis la confrérie des écoles chrétiennes ou des instituteurs.

Les plus anciennes de ces confréries sont celle du Saint-Sacrement et celles des chevaliers de l'arc et des chevaliers de l'arquebuse; ces deux dernières, organisées en compagnies, rendirent de grands services pendant les troubles et les guerres qui désolèrent nos provinces (G). — La plus riche, surtout en terres et en prés, était celle de Ste-Croix, composée des principaux bourgeois d'Auxonne et qui faisait apprendre des métiers aux enfants pauvres. Presque toutes possédaient des bannières, des saints ou des images, ainsi que d'autres ornements en argent ou en cuivre, et figuraient chacune avec ses bâtonniers, confrères, sergents, portefallots et enfants de chœur dans les processions (H).

Les chapelles étaient vouées particulièrement à divers saints et saintes. Indépendamment des chapelles latérales, on en avait élevé au-devant des piliers dans la grande nef (1).

On peut dire qu'actuellement aucune des décorations des chapelles n'est digne de la majesté de l'édifice ; toutes ont besoin d'être restaurées. Une dette de reconnaissance à acquitter est surtout celle envers la duchesse Marguerite à qui, entre autres bienfaits, les Auxonnais doivent la construction de l'église pour la plus grande partie et celle de l'ancienne levée ; une première quête a eu lieu pour élever un sarcophage en son honneur, dans l'une des chapelles latérales. Espérons que le projet sera réalisé et que le vœu de la reconnaissance sera accompli (k).

Dans la chapelle des fonds baptismaux est déposée une grande statue de la Vierge portant l'enfant Jésus. Napoléon, dans le temps où il résidait à Auxonne, allait souvent s'agenouiller devant cette Vierge qui était dans l'église du couvent des Ursulines (actuellement la Brasserie) (l).

Le cimetière entourait autrefois l'église ; en 1769, il fut reporté hors la ville, contre les glacis. On donnait la sépulture aux notables dans l'église et les gens aisés étaient enterrés dans le charnier sous le portail. Il paraît que déjà fort anciennement on enterrait les morts près de la place actuelle du marché aux légumes qui est la partie la plus élevée de la ville ; lors des fouilles qui furent faites pour la reconstruction de la maison Berthet, en 1842, on trouva beaucoup de débris d'urnes cinéraires de diverses grandeurs indiquant l'existence en cet endroit d'un cimetière romain, avant l'établissement du christianisme dans la contrée. Plusieurs de ces urnes portaient sur l'anse les initiales latines : S. P. Q. R. (*Senatus populus que Romulus*).

On voit encore, surtout dans les chapelles latérales de l'église plusieurs tombes ; les inscriptions sont en partie effacées. La plus remarquable est (dans la 3me chapelle du côté du midi) celle de la famille Morel, famille illustrée par Hugues Morel, né à Auxonne vers le milieu du XIIIe siècle, et qui fut membre du grand conseil de Philippe-le-Hardi, élu du clergé de la province de Bourgogne et ambassadeur près du pape. — Beaucoup d'autres tombes ont disparu (M). On a retrouvé récemment, près des casernes, la pierre tumulaire de Hugues Monin de la Cour, conseiller de la chambre des comptes de Bourgogne, qui entre autres donations fit présent à la ville, en 1724, du bâtiment où fut placée l'école des Frères de la doctrine chrétienne, laquelle école a été remplacée plus tard par le collége et dernièrement par les écoles de musique et de dessin.

Il y avait autrefois dans l'église d'Auxonne plusieurs marbres funéraires, savoir :

1° De Claude-Baptiste Montrichard, seigneur de Flamerans, lieutenant de Roi à Auxonne, mort en 1682.

2° De Hugues Januon, curé, mort en 1689.

3° De Jacques-Louis de Vallon, marquis de Mimeure, lieutenant-général des armées du Roi, lieutenant de Roi, à Auxonne, et l'un des quarante de l'académie française, décédé en mars 1719.

Il existe encore contre les deux piliers à l'entrée des deux principales chapelles latérales :

A gauche, celui de Bernard Duplessis-Besançon, conseiller du Roi, lieutenant-général dans ses armées, gouverneur des ville et château d'Auxonne, décédé le 7 avril 1760.

A droite, celui de François-Xavier-David Lamartinière, aussi gouverneur des ville et château d'Auxonne, décédé en 1800.

Ce dernier cénotaphe est dû à l'habile ciseau de Nicolas Bernier, professeur de sculpture à l'école des beaux-arts de Dijon, membre de l'académie de cette ville.

Lors de la révolution, l'église d'Auxonne devint comme partout le temple décadaire.

Par suite de délibération du corps municipal du 28 mars 1792, il fut ordonné que les églises et chapelles nationales de la ville seraient fermées, que l'on en déposerait les clefs au secrétariat de la mairie, et qu'il demeurait défendu aux religieuses claristes du dehors de paraître en public revêtues de leur costume.

14 Janvier 1793.—Deux citoyens furent désignés pour faire, chaque jour de dimanche, dans l'église paroissiale, à l'issue des vêpres, la lecture des écrits dont la convention ordonnerait l'impression et l'envoi au département.

22 Frimaire, an II (12 décembre 1793).—Il fut délibéré que l'on ferait disparaître, par les moyens les

plus prompts et les plus économiques, tous les objets extérieurs du culte dans la commune, soit croix, saints, oratoires, etc., et que l'on tirerait parti des matériaux.

21 Nivose, an II (11 mars 1794). — Sur la demande de quatre membres de la Société populaire, on arrêta que l'estrade construite au Temple, pour la fête de la Montagne, resterait en son entier à l'effet d'y chanter, à chaque décade, les hymnes analogues au temps et y faire la lecture des lois.

29 Germinal, an II (18 avril 1704). Un membre exposa que l'on pourrait tirer un parti avantageux des ci-devant chapelles du temple de la Raison, en les disposant de manière à recevoir des boutiques. Une délibération fut prise dans ce sens et adressée à l'autorité supérieure, pour obtenir son approbation.

3 Floréal, an III (22 avril 1795).—Un marché est passé avec des entrepreneurs pour l'enlèvement de tous les signes de féodalité et monuments de piété qui se trouvaient dans l'étendue de la commune.

21 Prairial, an III (9 juin 1795). — Le conseil municipal délibère que la couleur rouge du bonnet que tient en sa main la statue de la liberté, placée au-dessus de la porte principale du temple sera remplacée par les couleurs nationales.

6 Thermidor, an III (24 juillet 1795).—Fête de l'anniversaire de la révolution.

. . . .

« Le cortége étant entré au Temple, l'orgue commen-
« cera par l'ouverture de la caravanne.

« Il sera fait lecture de l'adresse de la section de
« Brutus.

« Symphonie concertante.

« Discours prononcé par un officier municipal.

« Hymne civique exécutée par une citoyenne.

« Lecture de proclamation.

« Hymne marseillaise.

« L'orgue touchera la bataille de Prague.

« Le réveil du peuple exécuté en grand chœur.

9 Vendémiaire, an IV (1er octobre 1795). — Pétition d'un grand nombre d'habitants pour que la grande nef soit entièrement rendue au culte. On voit dans cette pétition que le marché se tenait au Temple, mais que l'on célébrait la messe dans ladite nef après la tenue du marché; que d'ailleurs les deux nefs latérales étaient fermées et qu'on y retirait les sacs.

6 Frimaire, an VI (26 novembre 1797). — Pétition des membres de la société populaire pour la démolition de l'estrade placée dans le temple, laquelle paraissait inutile et contraire aux droits de l'égalité, empêchant les citoyens de s'approcher de la tribune pour entendre la lecture des lois.

Pluviôse an VII (Février 1799). — Beaucoup d'habitants se réunissaient au temple pour le culte, mais pourvoyaient eux-mêmes à diverses réparations de l'édifice.

Brumaire an 8 (novémbre 1799). — Plusieurs réclament l'autorisation de s'assembler au temple décadaire, à l'effet de se choisir un ministre de leur culte.

Relativement aux fêtes nationales, telles que celles des vieillards, des époux, de la jeunesse, de l'agriculture, de la reconnaissance, etc., elles se célébraient sur la place de la liberté ou sur la place des casernes. La fête de la souveraineté du peuple fut célébrée au Temple le 26 ventôse an VII (16 mars 1799). On y distribua aussi les prix aux élèves des langues et aux élèves des écoles primaires, les 19 fructidor an VII (3 septembre 1799) et 17 brumaire, an X (8 novembre 1801).

1er Messidor an X (20 juin 1802). — Le maire prévient les habitants que le 23 du même mois, Mgr l'évêque de Dijon arrivera à Auxonne et qu'il y célébrera la messe, après quoi il sera chanté un Te Deum en actions de grâces du rétablissement du culte et de la paix universelle rendue à la République.

Ainsi les évènements se succèdent et les choses changent, puis se modifient!... Quelle distance cependant entre les mœurs anciennes et la civilisation actuelle!... Ne regrettons pas ces temps où le peuple était extrêmement malheureux, à part quelques individus, quelques positions privilégiées ; quelle misère désastreuse dans les masses!... combien de victimes de la famine et de la contagion!... Citons, pour preuve de la pauvreté et du dénuement qui accablaient les populations, seulement deux actes; *l'un du 5 octobre* 1644 par lequel M. Comeau, conseiller du Roi, vicomte mayeur de Dijon, délégué pour visiter la ville d'Auxonne, relativement aux réclamations élevées par les magistrats au sujet des impôts, reconnaît que sur 417 habitations, il y en a plus de 120 non occupées ; que beaucoup de gens n'ont point de meubles, se couchent sur la paille et ne se nourrisent que de turquis, n'ayant pas de quoi acheter d'autre nourriture ; qu'à l'exception de la Grande Rue et de celle du Chaigney (N) et de Saône, toutes les autres rues sont dépavées et tellement remplies de boue et de fumier que l'on ne peut y passer. *L'autre du 5 juillet* 1709, par lequel le procureur de la commune proteste à la vérité contre un rôle des pauvres où la dépense par jour figurait pour 36 liv., soit 1080 liv. par mois ou pour près de 13,000 liv. par an, mais qui indique (tout en admettant la partialité dont on se plaint et qui aurait présidé à la désignation des ayant-droit aux secours) qu'il devait néanmoins y avoir un bien grand nombre de nécessiteux.

NOTES.

(A) C'était souvent que la peste régnait dans nos contrées. Sans remonter à des temps antérieurs où la famine et les maladies décimaient les populations, nous extrairons des anciens registres seulement ce qui suit :

De 1436 à 1459, Maître Moingin Contault, secrétaire du duc de Bourgogne, prend sa résidence à Auxonne, avec les gens du conseil du duc, *en raison du danger de pestilence* qui lors était à Dijon.

En 1500, la peste étant encore à Dijon, la chambre des comptes vint tenir ses séances à Auxonne.

En 1503, mortalité à Auxonne. Il est fait mention de cette mortalité dans l'inscription datant de la même année, placée sous la porte du Jura ou de Comté.

En 1506, la peste ravagea Auxonne, dont elle emporta dans l'espace de trois mois, les deux tiers des habitants.

Elle régna de nouveau en 1507 et en 1535.

En 1563, grande peste à Auxonne.

En 1576, 1578 et 1579, par crainte de la contagion, défense fut faite aux marchands d'aller à la foire de Ciel.

Nouvelle peste en 1582.

Du 15 juin 1586 au mois de janvier 1587, grande contagion à Auxonne, particulièrement à l'hôpital.

En 1629, délibération du 21 avril, par laquelle, pour éviter le mal contagieux, il est défendu aux marchands de faire aucun négoce jusqu'à Lyon, pendant quarante jours, etc.

En 1634, la peste étant encore en ville, il fut ordonné des prières générales en l'église et aux couvents, afin qu'il plût à Dieu d'appaiser son ire.

Il y eut encore peste en 1635, puis en 1636, etc., etc.

Suivant règlement du 10 janvier 1506, concernant les quatre enterreurs choisis par les Mayeurs et Eschevins, afin de pourvoir à la chose publique, mêmement des manans et habitants, lesdits enterreurs devaient, en crainte de peste, retirer eux et faire leur demeurance en une seule maison et s'administrer leurs vivres, sans converser avec les habitants ; tenir un bâton blanc à la main pour être connus de chacun, porter à boire et à manger à ceux attaqués de la maladie et enfermés en leur logis. Pour ce, ils étaient exempts de la taille de 15 sols, du guet et des corvées, leur vie durant ; recevaient pour chaque mois de la durée de la peste 3 fr. ; puis pour chaque fosse, savoir : de chacun des plus apparents de la ville, pour sonner, porter en terre et sonnerie de trois grandes messes, 6 gros ou 10 sols ; de chacun des gens moyens, pour ensevelir, porter en terre, sonner à vigiles et messes, 4 gros ; de chacun des menus gens pour semblable cause, 3 gros. Quant aux pauvres mourant à l'hôpital et ailleurs, ils étaient portés en terre pour *l'amour de Dieu.*

(B) Dans le chœur sont quatre tableaux d'un certain mérite, représentant :

Le Crucifiement.

La Cène.

Les Clefs livrées à St-Pierre.

Et le Baptême de St-Jean-Baptiste.

Ces tableaux, de l'école de Poussin, ont été faits, dit-on, sous la direction de ce grand maître.

(C) A cette époque, chaque bâtonnier de la paroisse faisait, en rendant la vierge, un don à l'église ou à la fabrique. Voici un relevé assez curieux de ces dons.

En 1611. Par Guillemette Devenet, veuve de Jean Monin, marchand, deux rideaux en taffetas blanc, à franges de soie verte, au milieu desquels sont ses armes peintes.

1612. Par Marie Monin, veuve de Bonaventure Ramaille, greffier héréditaire au bailliage, un grand dais de damas incarnat, garni de franges or et soie, avec clinquans d'or. Au milieu les armes des Ramaille et des Monin.

1613. Par Jean Dartois, marchand, une chape ou manteau de damas blanc, avec les armes des Dartois et des Bretin du nom de sa femme.

1615. Par Adrienne Chesne, veuve de Claude Borthon, marchand, un parement de damas blanc au milieu duquel sont brodés la présentation de la Nativité de Notre-Seigneur, et aux côtés les armes de feu son mari.

1617. Par Hugues Jannon, bourgeois, deux pièces tapisserie représentant la création du monde, pour attacher le long des hautes balustres du côté du chœur.

1618. Par Jean Monin, bourgeois, deux chandeliers d'argent pesant 6 marcs 5 onces.

1620. Par damoiselle Henriette Clopot, veuve de M. Bretin, avocat, deux chappes ou manteaux de velours rose-cerise où sont leurs armes.

1621. Par Claude Fouthier, marchand, deux chappes ou manteaux de damas blanc avec parements de velours rouge et ses armes.

1624. Par Jean Sineau, docteur en médecine, un grand tapis de tapisserie en ondes, pour couvrir le buffet du banc des fabriciens, avec ses armes au milieu.

1625. Par Louise de la Mare, veuve de M. Laurent Borthon, notaire et procureur au bailliage, un gonfanon de damas blanc avec les images de Notre-Dame et de St-Louis, peintes dessus.

1626. Par Jean Futry, dit la Gigue, tailleur d'habits, quatre petits tableaux en taille douce, représentant les quatre docteurs de l'église, découpés à fond de satin, enrichis de cadres dorés et embellis.

1627. Par Philippe Vyard, procureur au bailliage et eschevin, deux rideaux de taffetas rouge avec franges de soie, pour mettre à côté du tabernacle.

1628. Par Pierre Borthon, l'aîné, apothicaire, deux tentes de tapisserie de Châtillon, à ramages, avec les armes du donateur et celles de Barbe Vinotty, sa femme.

1629. Par Claude Vyard, prêtre, un dôme de satin de Bruges blanc avec les rideaux, le tout chamarré de luysant de soie avec franges, et au-dessus un petit tableau représentant la Nativité de la Vierge, et au bas les initiales du donateur : Me C. V. P. avec le miliaire.

1630. Par François Suremain, greffier héréditaire au bailliage, une chasuble, avec ses armoiries et celles de sa première femme.

1631. Par Sébastien de Laramisse, marchand, deux coupes d'argent dorées, en valeur de plus de 60 liv.; y ayant gravé pour ses armes, un vanier tenant en son bec un rameau d'olivier.

1632. Par Claude Guye, marchand, un bassin d'argent pesant 5 marcs 5 onces, en valeur de 143 liv. Au milieu ses armes et celles de sa femme.

1633. Par noble Jean de la Croix, seigneur de Villers-les-Pots, maire de la ville, une aiguière d'argent pesant 8 marcs 2 onces, en valeur de 223 liv., où sont gravées ses armes et celles de la damoiselle sa femme.

1634. Par Elizabeth Labotte, veuve de François Bourrée, marchand, une lampe d'argent pesant 6 marcs 2 onces, valant 185 liv. pour éclairer le chœur.

1635. Par Michel Bouton, batelier, une grande nappe en valeur de 15 liv.

1636. Par Gabriel Rigolier, commis à la recette de la gabelle, une croix d'argent pour porter aux processions, pesant 5 marcs à 25 liv. le marc.

1637. Par Jacques Martène, avocat, une lampe d'argent pesant 6 marcs 3 onces.

1738. Par Pierre de la Croix, bourgeois, seigneur de Flagey, deux chandeliers d'autel, en valeur de 150 liv., aux pieds desquels sont ses armes et celles de la damoiselle sa femme.

1639. Par Claude Nouvelet, boutonnier, deux chappes ou manteaux de damas blanc. Au dos sont les armes dudit Nouvelet et de sa femme.

1640. Par Catherine Rivel, veuve de M. Antoine Jurain, antique mayeur, un ciboire d'argent, pour recevoir le Saint-Sacrement, en valeur de 372 liv.

1641. Par Jeanne Le Compasseur, veuve de M. Charles Pielley, apothicaire, un ciboire d'argent en valeur de 100 liv.

1642. Par Catherine Monin, veuve de M. François Archier, docteur en médecine, une image de St-Roch.

1643. Par Pernette Lescoussois, une grande nappe d'autel.

1644. Par Pierre Fouthier, marchand, une large couronne d'argent de 140 liv.

1644. Par Claude Borthon, notaire royal et procureur au bailliage, un parement du grand autel et deux robes pour la Vierge et le petit Jésus.

1647. Par Jean Vesturine, dit Perruchot, receveur des traites foraines, un grand pavillon de damas brodé, en valeur de 90 liv.

1648. Par Gabriel Bouscault, marchand, quatre rideaux taffetas couleur de feu.

1649. Par damoiselle Marie Monnin, veuve d'Etienne Jannon,

bourgeois, deux chandeliers d'argent, en valeur de plus de 200 liv.

1650. Par Maximilien Vonne un grand ciel à fond rouge, pour couvrir l'image Notre-Dame.

1651. Par Emiland Gotret, notaire, un sceptre d'argent de 78 liv. pour mettre à la main de Notre-Dame.

1652. Par François Rigolier, commis à la recette de la gabelle, deux chandeliers d'argent de 120 liv.

1652. Par Benigne Mol, eschevin, une image de Notre-Dame tenant son petit Jésus, sur son piédestal, pour poser sur le bâton de la confrérie et être porté aux solennités et processions.

1654. Par Philippe Pétret, marchand, un encensoir d'argent valant plus de 150 liv., et au pied duquel est son nom et celui de sa femme.

1668. Par Jeanne Rouy, veuve de Fréquante Pély, marchand, dix louis d'or, pour être employés à la décoration du grand autel.

1689. Par François Dautecloche, conseiller et grenetier, dix louis d'or.

On voit, par ce qui précède, que la plupart des familles avaient leurs armes. Il existait d'ailleurs à Auxonne un grand nombre de marchands, la ville étant admirablement placée, non-seulement comme frontière entre la Bourgogne et la Franche-Comté, mais aussi parce que la navigation sur la Saône ne remontait guère plus haut. Presque tous s'y enrichissaient par le commerce des blés et par la contrebande qui se faisait, surtout sur le sel, dont le prix en Bourgogne était quatre fois plus élevé qu'en Franche-Comté. Le pont de la Margande, au bas des Granges hautes, sur la route royale d'Auxonne à Dôle, tire son nom de la margande ou contrebande qui se faisait aux environs.

Telle a été la source de la fortune de beaucoup de familles originaires d'Auxonne, devenues riches et illustres et qui se sont fixées à Dijon, Dôle, etc.

(D) On voit d'après un certificat du voyer de la ville, que la place de l'église a été chargée en 1786 ; on employait des soldats à ce travail. Il eut mieux valu abaisser le sol, afin d'assainir le monument. C'est une opération devenue difficile et coûteuse, en raison de ce qu'il faudrait changer les nivellements et les pavages de plusieurs rues. On pourra y revenir, lorsque les finances de la ville seront plus prospères.

(E) Les verreries dont il s'agit représentent en sujets principaux :
Dans la chapelle de gauche : La décollation de St-Jean-Baptiste ; le retour de l'enfant prodigue ; St-Charles Boromée administrant les pestiférés de Milan ; St-Nicolas (de grandeur naturelle) ; Ste Madeleine repentante, aux pieds du Christ.

Et dans la chapelle de droite : Ste Anne enseignant à lire à la Vierge ; l'Annonciation ; la Visitation.

(F) D'après une ordonnance de 1510, le trompette de la ville devait publier quant on faisait un prêtre nouveau ; pour ce ; il avait une fouasse et à dîner et à souper.

(G) Les arquebusiers et les archers d'Auxonne se signalèrent principalement en 1526, au siège de cette ville par le comte de Lannoi. On sait aussi qu'en 1636, plusieurs ne craignirent pas d'aller partager avec leurs braves voisins de St-Jean-de-Losne l'héroïque défense de ceux-ci contre l'armée de Galas.

(H) Ces processions, de même que celles des paroisses voisines, sortaient souvent de la ville et allaient quelquefois au loin. C'est ce que l'on trouve consigné dans un ancien registre aux archives.

1488. Procession d'Auxonne à Mont-Rolland.

1585. Procession de la paroisse St-Jean de Dijon, allant à Notre-Dame de Mont-Rolland, pour avoir de la pluie.

Même année, le jour de la fête de St-Claude, procession à Notre-Dame de la Levée, à même fin. Il y avait 560 filles.

1588. Procession à Mont-Rolland, pour rendre grâce à Dieu de la belle apparence des biens de la terre, après une si chère année que celle passée.

Même année, 25 avril, même procession à Notre-Dame d'Athée.

Même année, samedi suivant, semblable procession à Notre-Dame de la Levée.

Même année, procession à Notre-Dame de Pesmes.

1596, 11 juin. Procession à Notre.Dame de la Levée.
1598, 25 avril. *idem.* *idem.*
     16 mai. *id.* à Mont-Rolland.
1599, 5 mai. *id.* *id.*
1603, avril. *id.* *id.*

1612, 14 juillet. Passage de la procession de la paroisse St-Michel de Dijon, allant à St-Claude.

13 septembre. Procession à Notre-Dame d'Athée.
1615, 6 mai.   id.   à Mont-Rolland.
1624, 13 mai.   id.   id.

1626, 24 juin. La procession de la paroisse Notre-Dame de Dijon est arrivée à Auxonne, au nombre de plus de 300 personnes et en est repartie le lendemain, pour aller porter ses vœux à St-Claude.

1629, 26 mai. Procession à Mont-Rolland pour que l'on soit préservé de la peste.

1630, 20 mai. La procession de Bellegarde (Seurre) arriva à Auxonne et en sortit le lendemain, pour se rendre à Notre-Dame de Gray, et, en raison du mauvais temps, les uns partirent en chars et charrettes, les autres à cheval et dans de grands et petits bateaux.

15 juin. Procession à N.-D. de la Levée, par crainte de la peste.

1653, 15 décembre. Les curés, prestres et nombre d'habitants de Bellegarde (Seurre) arrivèrent à Auxonne pour se rendre à Notre-Dame de la Levée et remercier Dieu de la délivrance de la peste.

Remarquons relativement à ces processions, qu'alors les communications étaient bien moins faciles. Il y avait une foi bien active puisque hommes, femmes, vieillards, enfants, ne craignaient pas de se rendre ainsi en dévotion, souvent à plusieurs lieues de leurs domiciles.

(1) La plupart des chapelles avaient pour fondateurs ou pour patrons de nobles et honorables personnages. On voit parmi ces fondateurs ou patrons, savoir :

Les chapelles St Jean-Baptiste, St-Pierre et St-Denis, M. de Vauginois, marquis de Mimeure.

La chapelle St-Jean-l'Evangéliste, Mme Marie de Bretagne, épouse de M. Filsjean, conseiller au parlement de Dijon.

Celle St-Antoine, MM. Bernard de Dijon.

Celle St-Claude, les héritiers de Dame Alexis Pécant, épouse de M. Matrot de Dôle.

Celle St-Etienne, les héritiers Nouvelet.

Celle St-Eloi, M. Chevrier de Mâcon.

Celle St-André, MM. Pélissier de Flavignerot.

Celle St-Martin, M. Suremain, conseiller au parlement de Dijon.

Celle Ste-Anne, M. Chaillot de Dôle.

Celle St-Paul, les héritiers Goteret.

Celle St-Marin et St-Léger, MM. Thiébaut.

Celle de la Ste-Couronne, MM. Montchanin.

Celle du St-Esprit et de la Ste-Trinité, M. Davot de Dijon, fils du célèbre avocat.

Celle de St-Jacques-le-Majeur et de Ste-Catherine, MM. Ponteney, les héritiers Dampnicolas, etc.

Celle de St-Simon et de St-Judes, M. de la Croix, gentilhomme à Metz.

Celle de Notre-Dame de pitié, honorable Gérard-Robot, seigneur du Magny, puis M. Luzy de Pellissac.

Celle de Notre-Dame de l'agonisant, M. Comeau, conseiller au parlement de Dijon.

Celle St-Jacques et St-Philippe, M. le marquis de Rully, héritier de la comtesse de Bellevèvre.

Celle St-Michel, MM. Viard.

Celle St-Joseph, la famille Boillaud, puis M. Danguillon, etc., etc.

(K) Anciennement, en témoignage de gratitude de cette princesse, un monument funéraire avait déjà été élevé en son honneur. Il n'en reste qu'une statue, détachée du mur contre lequel elle était couchée.

(L) Napoléon, simple officier d'artillerie au régiment de la Fère, a tenu garnison à Auxonne en 1788, 1789, 1790 et 1791.

(M) Sous le porche de l'entrée, du côté du nord, existait une grande plaque en cuivre, indiquant que le sieur Rivel, *monnoyeur de la ville, en 1409*, avait été enterré en cet endroit. Cette plaque fut enlevée et vendue lors de la révolution.

(N) Plus tard rue du Chesnoy, des Capucins, de la Fraternité, Bonaparte, d'Artois, puis d'Orléans.

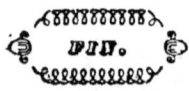

www.ingramcontent.com/pod-product-compliance
Lightning Source LLC
LaVergne TN
LVHW021707080426
835510LV00011B/1636